MÉMOIRE

SUR

L'ÉCLAIRAGE ET LE BALISAGE

DES CÔTES DE FRANCE

MÉMOIRE

SUR

L'ÉCLAIRAGE ET LE BALISAGE

DES CÔTES DE FRANCE

PAR

M. LÉONCE REYNAUD

INSPECTEUR GÉNÉRAL DES PONTS ET CHAUSSÉES, DIRECTEUR DU SERVICE DES PHARES ET BALISES, ETC.

PUBLIÉ PAR ORDRE

DE SON EXCELLENCE M. ARMAND BÉHIC

MINISTRE DE L'AGRICULTURE, DU COMMERCE ET DES TRAVAUX PUBLICS

PLANCHES

PARIS

IMPRIMERIE IMPÉRIALE

M DCCC LXIV

MÉMOIRE

SUR

L'ÉCLAIRAGE ET LE BALISAGE

DES CÔTES DE FRANCE.

TABLE DES PLANCHES.

NUMÉROS DES FIGURES.	NUMÉROS DES PLANCHES ET SUJETS DES FIGURES.	PAGES DU TEXTE.
	CARTE DES PHARES	6
	PLANCHE 1.	
1 à 17	Distribution, forme, portée et intensité des rayons lumineux émanés de divers appareils lenticulaires	24, 25, 80 et 106 à 116
	PLANCHE 2.	
1 et 2	Courbes montrant comment les portées lumineuses varient avec le degré de transparence de l'atmosphère	20 et 25
	PLANCHE 3.	
1 à 3	Profils d'appareils lenticulaires de premier, de deuxième et de troisième ordre	57, 65, 71, 106, 416, 419 et 420
4	Profil d'un appareil lenticulaire de troisième ordre, petit modèle	57, 65, 71, 106, 417 et 420
5 et 6	Profils d'appareils lenticulaires de quatrième ordre	57, 65, 71, 106, 417, 420 et 421
7	Profil d'un appareil lenticulaire pour lampe à huile de schiste ou de pétrole	57, 65, 71, 83, 106, 418 et 422
8 à 11	Profils de lentilles à éléments verticaux pour les appareils des trois premiers ordres	57, 65, 71, 106, 416 et 417
	PLANCHE 4.	
1	Plan d'une lanterne et d'un appareil de premier ordre, dans l'angle. A. à éclipses de minute en minute. B. à feu fixe varié par des éclats	107
	C. à feu fixe	106
2	Plan d'une lanterne et d'un appareil de deuxième ordre, dans l'angle. A. à éclipses de 30 en 30 secondes	111
	B. à feu fixe	110
3	Plan d'une lanterne et d'un appareil de troisième ordre, dans l'angle. A. à feu fixe	111
	B. à feu fixe varié par des éclats	112

NUMÉROS DES FIGURES.	NUMÉROS DES PLANCHES ET SUJETS DES FIGURES.	PAGES DU TEXTE.
	PLANCHE 5.	
1 et 2	Plan et élévation d'un appareil de premier ordre à feu fixe.	106
3 et 4	Plan et élévation d'un appareil de premier ordre à éclipses de minute en minute.	78 et 107
5 et 6	Plan et élévation d'un appareil de premier ordre à éclipses de 20 en 20 secondes, dans lequel les éclats blancs alternent avec des éclats rouges. . .	104, 105, 108 et 109
7 à 9	Plans et élévation d'un appareil de troisième ordre à feu fixe blanc varié à des intervalles de 20 secondes par des éclats alternativement rouges et verts.	81, 105, 113, 122, 418 et 421
10 et 11	Plan et élévation d'un appareil de troisième ordre, petit modèle, à feu fixe varié par des éclats.	115, 418 et 422
12 et 13	Plan et élévation d'un appareil de troisième ordre à éclipses de minute en minute.	
	PLANCHE 6.	
1	Coupe d'une lanterne et d'un appareil de premier ordre, à feu fixe à droite, à feu varié par des éclats à gauche.	58, 106, 107, 122 à 125 et 135
2	Élévation d'un panneau de feu fixe.	78 et 106
3	Élévation d'une lentille à éléments verticaux.	58, 106 et 107
	PLANCHE 7.	
1	Coupe d'une lanterne et d'un appareil de premier ordre à éclipses de minute en minute.	107, 122 à 125 et 135
2	Élévation d'un des panneaux de cet appareil.	78 et 107
3	Élévation d'un panneau d'appareil de premier ordre à éclipses de 30 en 30 secondes.	108
4	Élévation d'un panneau d'appareil du même ordre à éclipses de 20 en 20 secondes et au-dessous.	108
	PLANCHE 8.	
1	Coupe d'une lanterne et d'un appareil de deuxième ordre, à feu fixe à droite, à éclipses de 30 en 30 secondes à gauche.	110, 111, 122 à 125 et 135
2	Élévation d'un panneau de feu fixe de cet appareil.	110
3	Élévation d'un panneau d'appareil de deuxième ordre à éclipses de 30 en secondes.	111
	PLANCHE 9.	
1	Coupe d'une lanterne et d'un appareil de troisième ordre, à feu varié par des éclats à droite, à feu fixe à gauche.	111, 112, 122 à 125 et 135
2	Élévation d'un des panneaux de feu fixe.	111
3	Élévation d'une lentille à éléments verticaux.	112
	PLANCHE 10.	
1 et 2	Plan et coupe d'une lanterne et d'un appareil de troisième ordre, petit modèle, à feu fixe varié de 20 en 20 secondes par des éclats rouges.	82, 86 et [illegible]
3	Élévation d'un des panneaux de cet appareil. . . .	

NUMÉROS DES FIGURES.	NUMÉROS DES PLANCHES ET SUJETS DES FIGURES.	PAGES DU TEXTE.
	PLANCHE 11.	
1 et 2	Plan et coupe d'une lanterne et d'un appareil de troisième ordre, petit modèle, à feu fixe varié par des éclats	107, 115 et 116
	PLANCHE 12.	
1 et 2	Plan et coupe d'un appareil de quatrième ordre, à feu fixe, grand modèle.	61 et 116
3 et 4	Plan et coupe d'un appareil de quatrième ordre, à feu fixe, petit modèle.	
5 et 6	Plan et coupe d'un appareil de quatrième ordre, en verre moulé, avec lanterne mobile	86, 88, 116 à 118 et 198
7 et 8	Élévation et coupe d'un appareil lenticulaire en verre moulé, pour feux de direction	41, 86, 117 et 118
9 et 10	Élévation et coupe d'un appareil lenticulaire en verre taillé, pour feux de direction	41, 117 et 118
11 à 13	Plan, élévation de face et élévation latérale d'un photophore monté sur un pied	46, 88, 117, 118 et 198
14 et 15	Plan et élévation d'un appareil sidéral placé dans une lanterne mobile.	
	PLANCHE 13.	
1 à 4	Élévation, coupe et plans d'un appareil de phare flottant à feu fixe	53 et 118 à 120
5 à 7	Détails d'un des réflecteurs	
	PLANCHE 14.	
1 à 3	Coupe et plans d'un appareil de phare flottant à éclipses	54 et 120 à 122
4 à 10	Détails du système de transmission du mouvement	
	PLANCHE 15.	
1 et 2	Plan, coupe et élévation d'un bec de lampe de premier ordre	64, 131 et 136
3 et 4	Plan, coupe et élévation d'un bec de lampe de deuxième ordre	
5 et 6	Plan, coupe et élévation d'un bec de lampe de troisième ordre	
7 et 8	Plan, coupe et élévation d'un bec de lampe de quatrième ordre	
9 et 10	Plan, coupe et élévation d'un bec de lampe à huile de schiste ou de pétrole	85, 131, 136 et 137
	PLANCHE 16.	
1 à 3	Plans du rez-de-chaussée, du premier et du deuxième étage du phare de Cordouan	155 à 158 et 170
4 à 6	Plans du même édifice pris respectivement à hauteur de la neuvième marche du grand escalier, de la chambre de service et de la chambre de la lanterne	155 à 158
	PLANCHE 17.	
	Coupe du phare de Cordouan	155 à 158 et 170

NUMÉROS DES FIGURES.	NUMÉROS DES PLANCHES ET SUJETS DES FIGURES.	PAGES DU TEXTE.
	PLANCHE 18.	
	Élévation du phare de Cordouan	155 à 158
	PLANCHE 19.	
1, 2 et 3	Élévation et coupe d'un des phares de la Hève et plan de la chambre de la lanterne	60, 145, 169, 172 et 173
4 et 5	Plan et élévation des deux phares et de leurs dépendances	
	PLANCHE 20.	
1 et 2	Élévation et coupe du phare de Bréhat	60, 161, 162, 163 et 173 à 181
3 à 6	Plans du même édifice pris respectivement à hauteur de AB, de CD, de EF et de GH	
	PLANCHE 21.	
1 et 2	Élévation et coupe du phare de Calais	161, 165, 181 et 182
3 à 5	Plans du même édifice pris respectivement à hauteur de AB, de CD et de EF	
	PLANCHE 22.	
1	Coupe du phare des Baleines	161, 163, 167, 169, 182 et 183
2 à 4	Plans du même édifice pris respectivement à hauteur de AB, de CD et de EF	
5 à 8	Détails de la pénétration de l'escalier dans la voûte supérieure	
	PLANCHE 23.	
1 et 2	Plan du rez-de-chaussée et élévation du phare des Baleines	161, 169, 175, 182 et 183
	PLANCHE 24.	
1 à 4	Élévation, coupe et plans du phare de Porto-Vecchio	60, 168 et 183
5	Plan du rez-de-chaussée du phare de la pointe de Créac'h (île d'Ouessant)	169
	PLANCHE 25.	
1 et 2	Élévation et coupe du phare du Haut-Banc du Nord (île de Ré)	161, 162 et 184 à 186
3 à 5	Plans du même édifice pris respectivement à hauteur de CD, de EF et de GH	
	PLANCHE 26.	
1 et 2	Élévation et coupe du phare de la pointe de Grave	163, 183 et 185
3 à 5	Plans du même édifice pris respectivement à hauteur de AB, de CD et de EF	

NUMÉROS DES FIGURES.	NUMÉROS DES PLANCHES ET SUJETS DES FIGURES.	PAGES DE TEXTE.
	PLANCHE 27.	
1	Élévation principale du phare des Triagoz.	162, 163 et 186 à 188
2 à 4	Élévation postérieure, coupe et plan du rez-de-chaussée du même édifice.	
	PLANCHE 28.	
1 à 3	Élévation et coupes du phare de Kermorvan.	162, 188 et 189
4 à 8	Plans du même édifice pris respectivement à hauteur de EF, de GH, de KL, de MN et de OPQR.	
	PLANCHE 29.	
1 et 2	Plans et élévation du phare de Pontaillac.	170, 189 et 190
3 et 4	Détails de la partie supérieure de l'édifice.	
	PLANCHE 30.	
1 et 2	Élévation et coupe du phare de la Nouvelle-Calédonie.	190 à 193
3 à 5	Plans du même édifice pris respectivement à hauteur de EF, de GH et de IJ.	
	PLANCHE 31.	
1 à 3	Plans et élévation du phare de la pointe de Walde.	171 et 193 à 195
4 à 12	Détails des principaux assemblages de cet édifice.	
	PLANCHE 32.	
1 à 4	Élévations, coupe et plan du rez-de-chaussée d'un type de phare de quatrième ordre avec logement de gardien.	195 à 197
5 à 7	Élévation, coupe et plan du rez-de-chaussée d'un type de phare de quatrième ordre avec logement de gardien, exécuté en tôle de fer.	
8 à 10	Élévations et plan d'un type de logement de gardien avec lanterne suspendue.	
	PLANCHE 33.	
1 à 4	Élévation, coupe et plans d'un type de tourelle de feu de port.	197 à 199
5 à 8	Élévation, coupe et plans d'un type de tourelle de feu de port, exécutée en tôle de fer.	
9 à 11	Élévation, coupe et plan d'un échafaudage en charpente pour fanal suspendu.	
12 et 13	Coupe et élévation latérale d'un candélabre en fer pour fanal suspendu.	
14 et 15	Élévation et coupe d'un candélabre en fonte pour fanal suspendu.	
	PLANCHE 34.	
1	Moitié du plan des formes du navire et moitié du plan du pont du phare flottant de Ruytingen.	199 à 205
2	Plan de rabattement des lisses.	
3	Élévations transversales R et A.	
4	Élévation latérale du navire, la lanterne descendue.	

NUMÉROS DES FIGURES.	NUMÉROS DES PLANCHES ET SUJETS DES FIGURES	PAGES DU TEXTE
	PLANCHE 35.	
1	Plan de l'entre-pont du feu flottant de Ruytingen	199 à 205
2 et 3	Coupe longitudinale et coupe par le maître bau du même bâtiment	
	PLANCHE 36.	
1 à 3	Plan et élévations de l'amer en charpente de Biscarosse	244
4	Élévation de l'amer de Capbreton	
5	Disposition de couronnement d'amer	
6 et 7	Élévations d'un petit amer en charpente	
8 à 10	Plan et élévation de la balise d'Antioche et détail d'un de ses scellements	248 et 249
11	Type de tour-balise en maçonnerie	251
12 et 13	Type des petites tours-balises de la Méditerranée	253
	PLANCHE 37.	
1 et 2	Élévation, coupe et plan d'une bouée-fuseau en charpente	256 et 257
3 et 4	Élévation, coupe et plan d'une bouée en charpente, disposée de manière à servir à l'amarrage	
5 et 6	Élévation, coupe et plan d'une bouée analogue de plus petites dimensions	
7 et 8	Élévation, coupe et plan d'une bouée en charpente avec mât et voyant	
9 à 11	Plan, élévation et coupe d'une petite bouée d'amarrage en charpente	
12 à 15	Plans et coupes de corps morts en fonte	266
	PLANCHE 38.	
1 et 2	Élévation, coupe et plan d'une bouée en tôle (modèle n° 1)	259 à 260
4	Élévation et coupe d'une petite bouée en tôle sans voyant (modèle n° 3)	
5 et 6	Élévation, coupe et plan d'une bouée en tôle avec cloche et miroirs	
3	Détail du lest de cette bouée	
7	Élévation et coupe d'une bouée d'amarrage en tôle	261 et 262
9	Élévation et coupe d'une des grandes bouées d'amarrage de la Compagnie des Messageries maritimes	
8	Coupe d'un corps mort pour bouée d'amarrage dans le bassin de Saint-Nazaire	267
10	Vue d'une ancre à champignon	266
11 et 12	Voyants de bouées en tôle	259
	PLANCHE 39.	
1 à 3	Plans, coupe et élévation d'une bouée-bateau	263

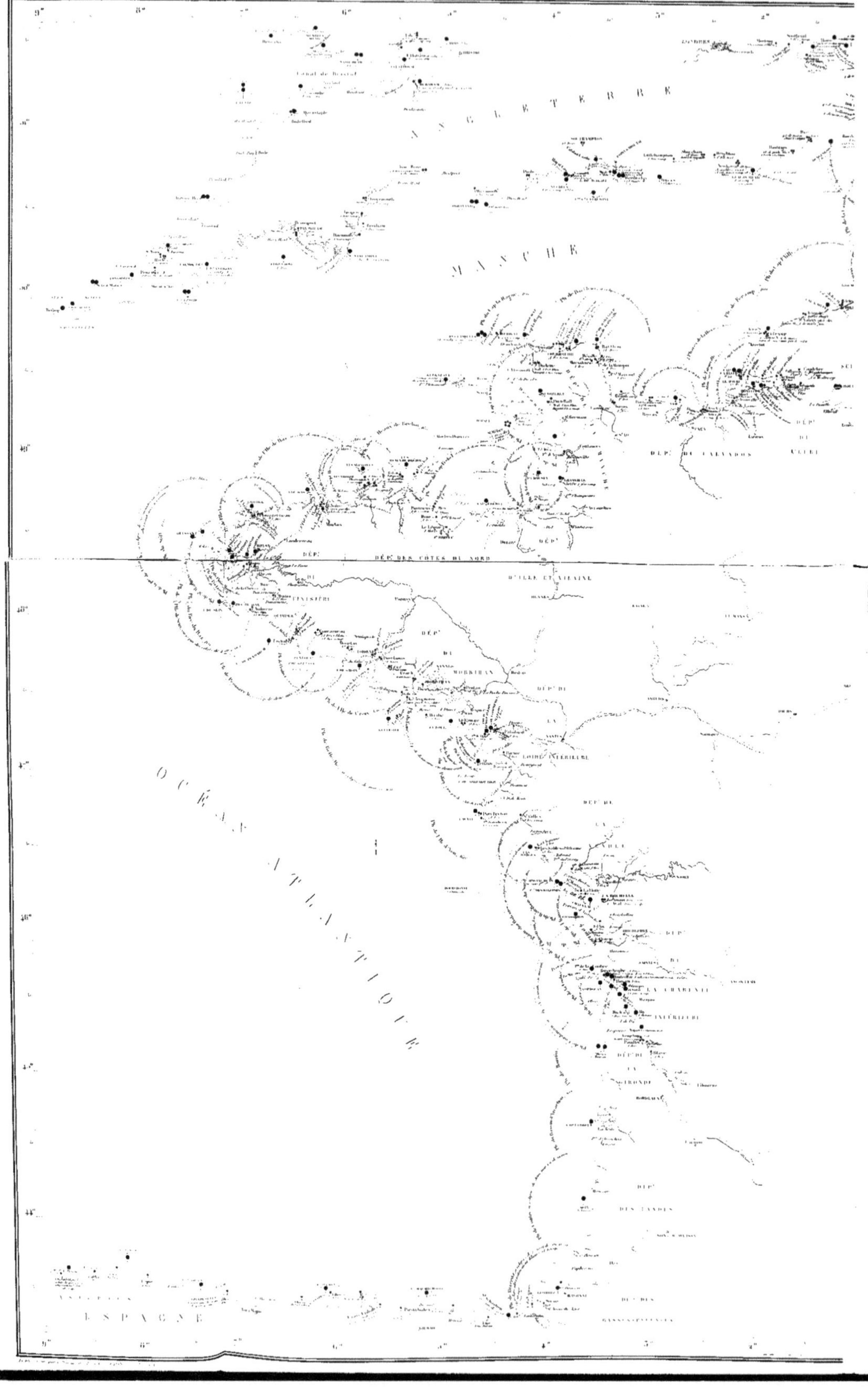
ANGLETERRE
MANCHE
DÉP. DU CALVADOS
DÉP. DES CÔTES DU NORD
D'ILLE ET VILAINE
DÉP. DU FINISTÈRE
DÉP. DU MORBIHAN
LOIRE INFÉRIEURE
OCÉAN ATLANTIQUE
LA CHARENTE
INFÉRIEURE
DÉP. DE LA GIRONDE
DES LANDES
ESPAGNE

CARTE DES PHARES DES CÔTES DE FRANCE

Dressée sous la Direction

DE LA COMMISSION DES PHARES,

PUBLIÉE

PAR ORDRE DE L'EMPEREUR,

Sous le Ministère de Son Excellence M. A. BÉHIC,

[illegible]

[illegible]

1864.

EXPLICATION DES SIGNES.

- Phare [illegible]
- Phare [illegible]
- Phare [illegible]
- Phare [illegible]
- Fanal [illegible]

[illegible]

M É D I T E R R A N É E

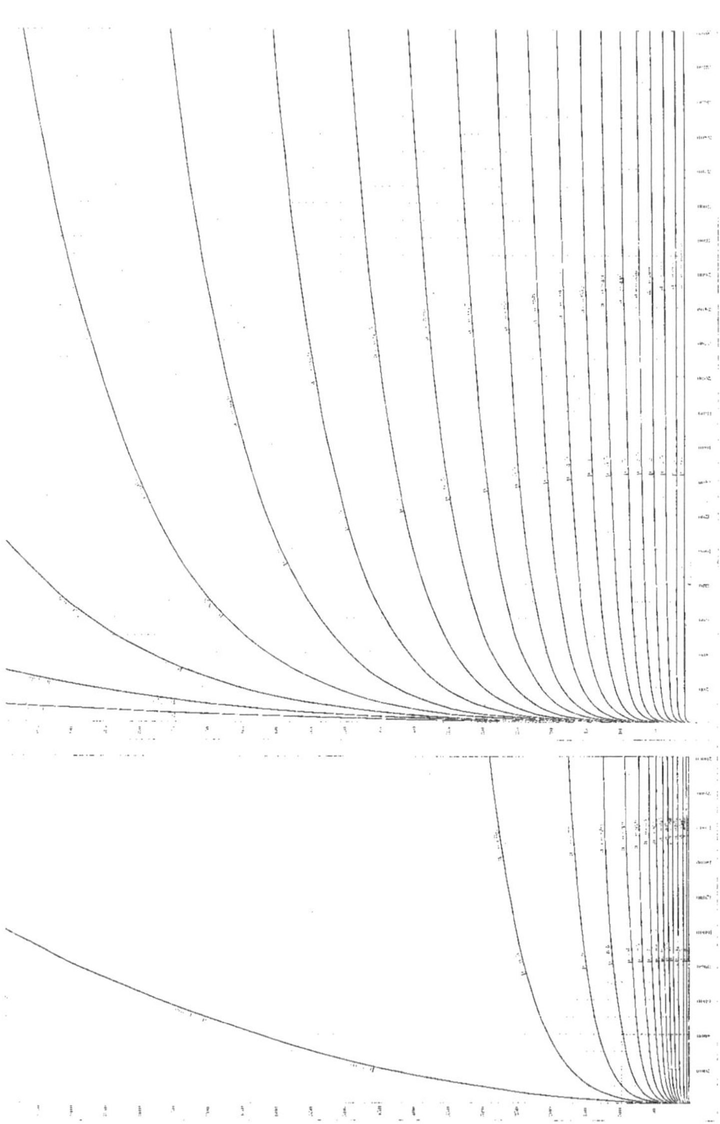

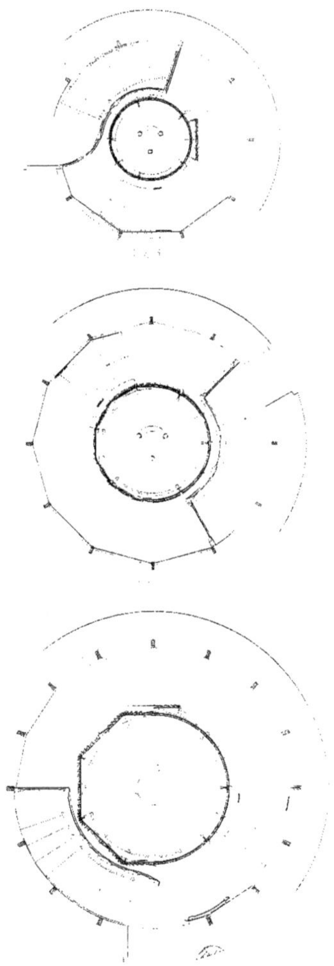

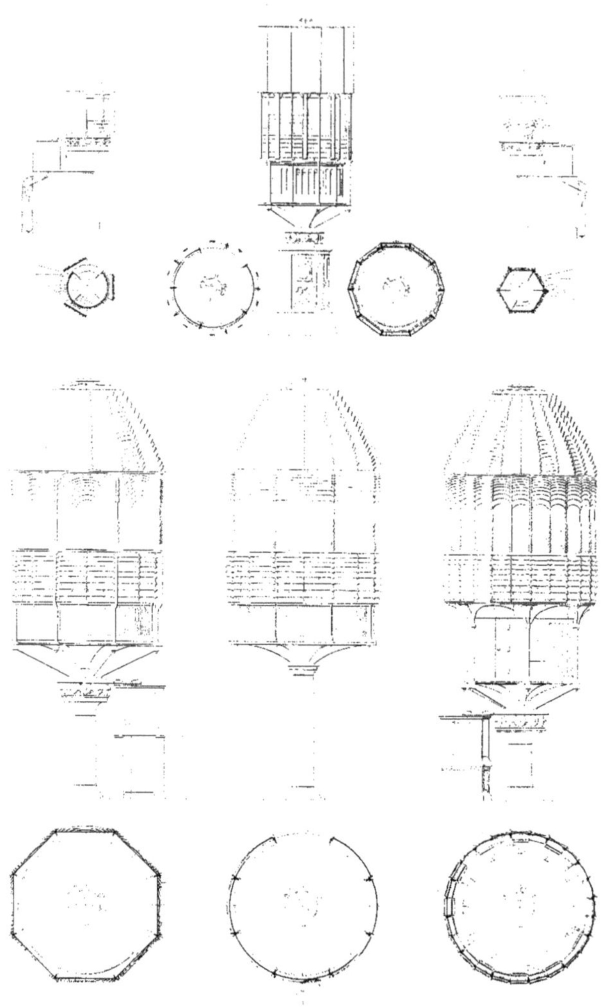

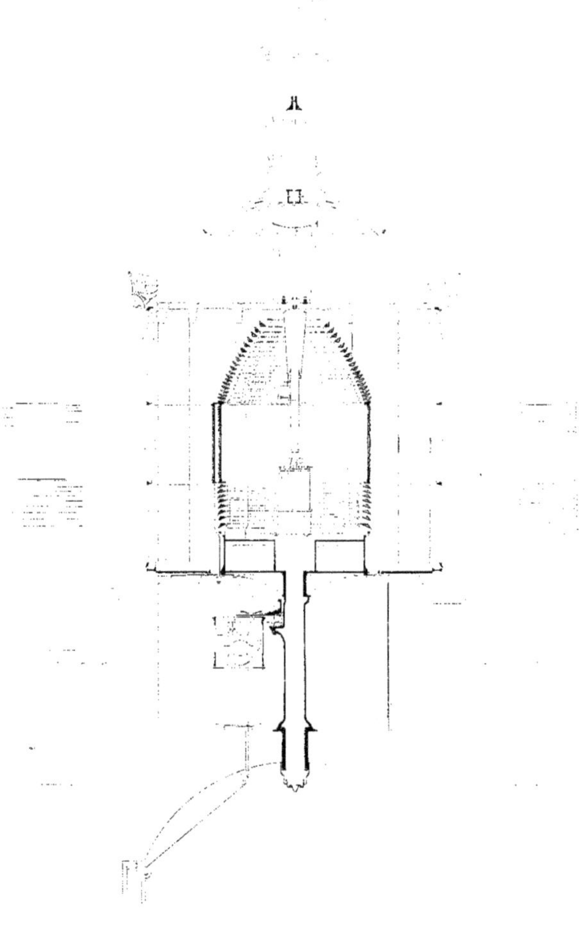

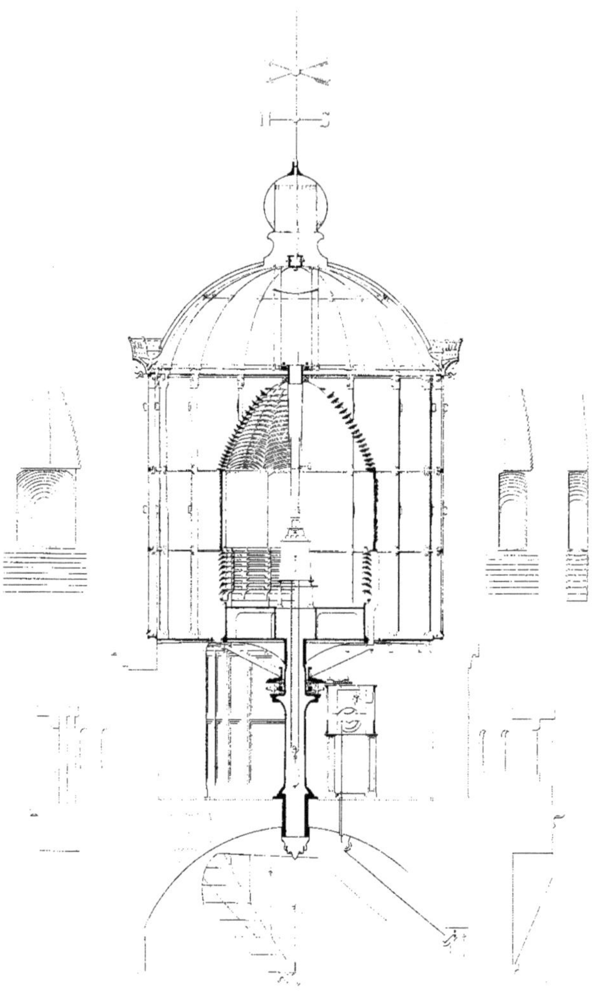

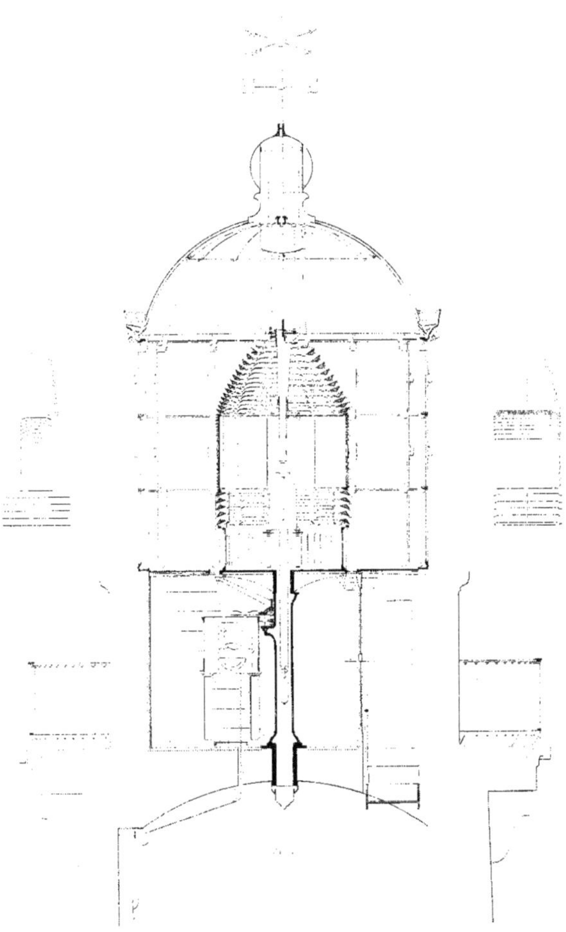

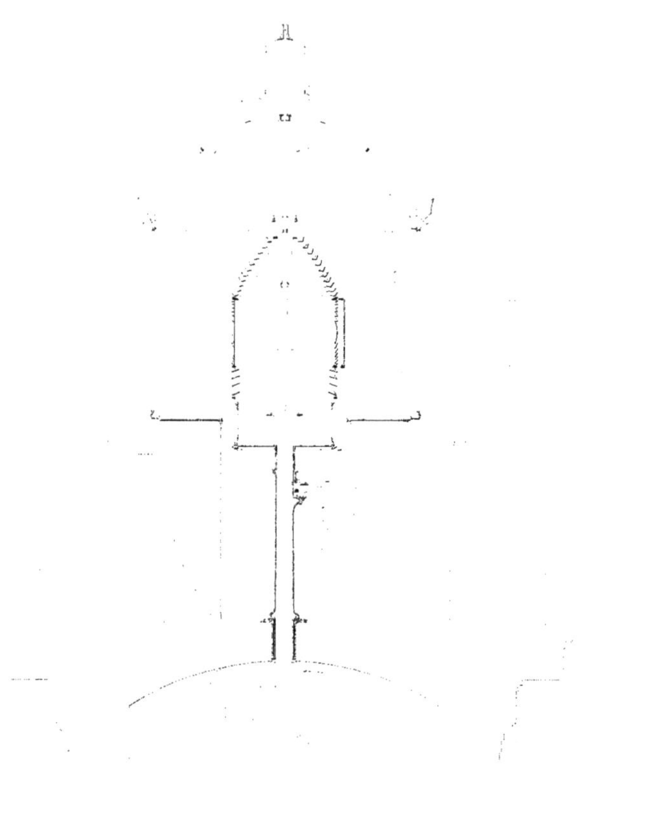

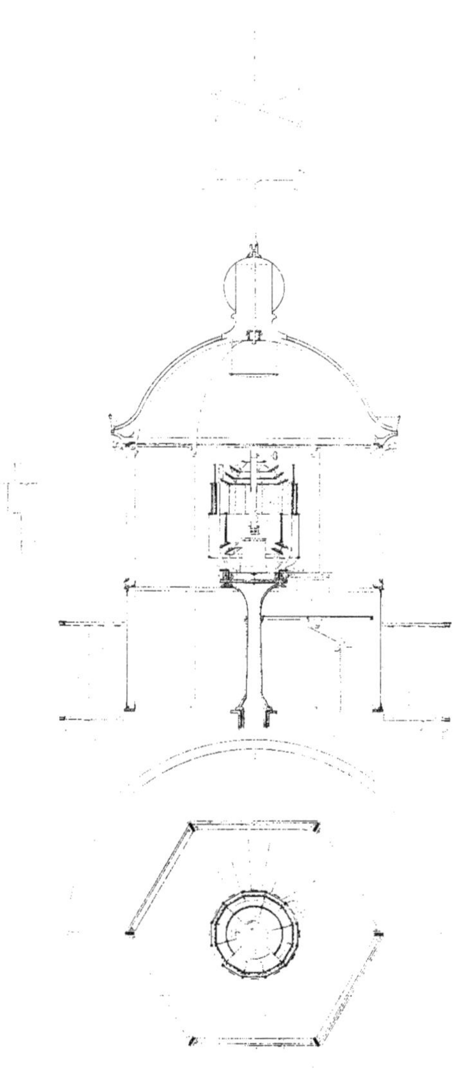

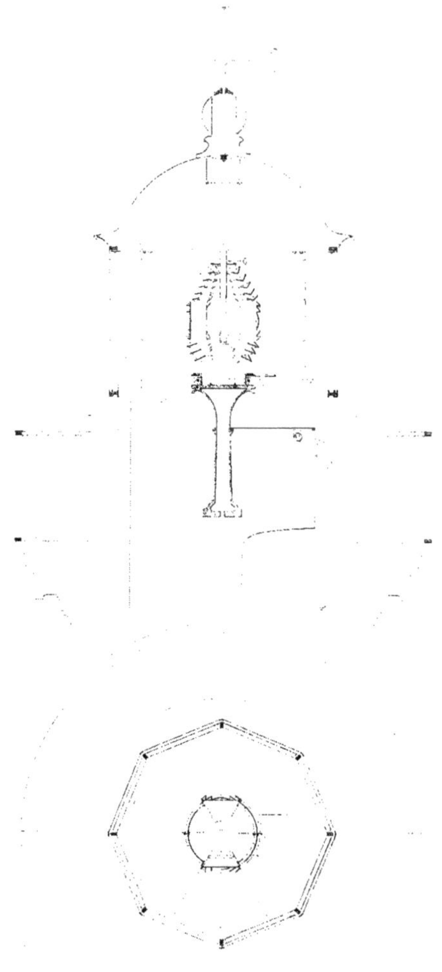

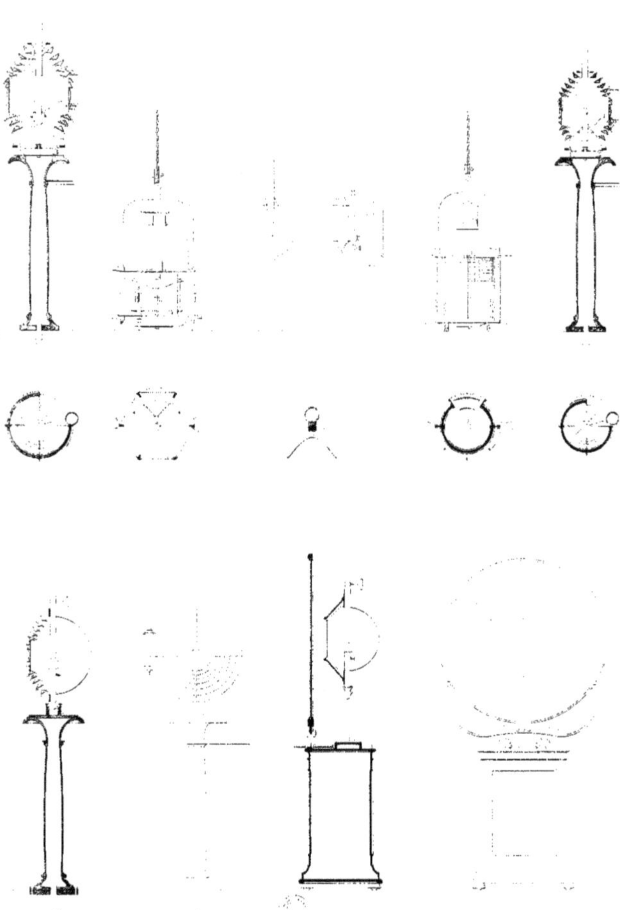

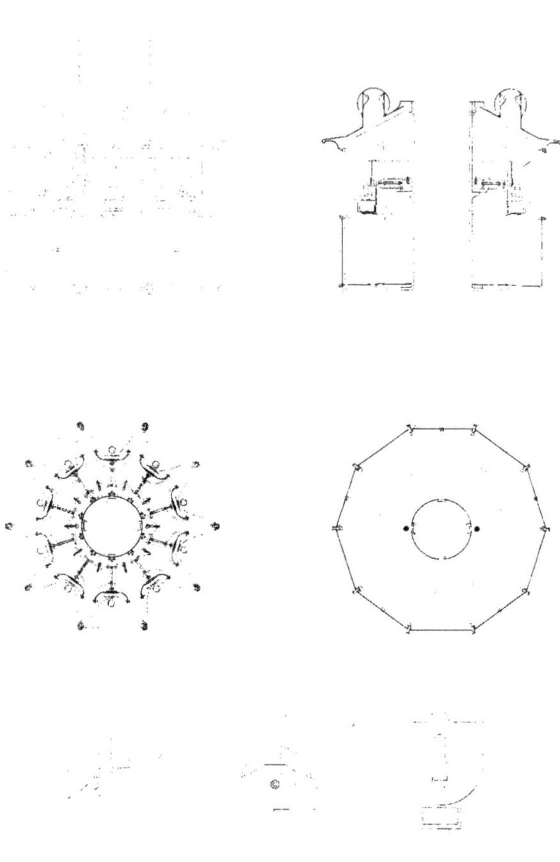

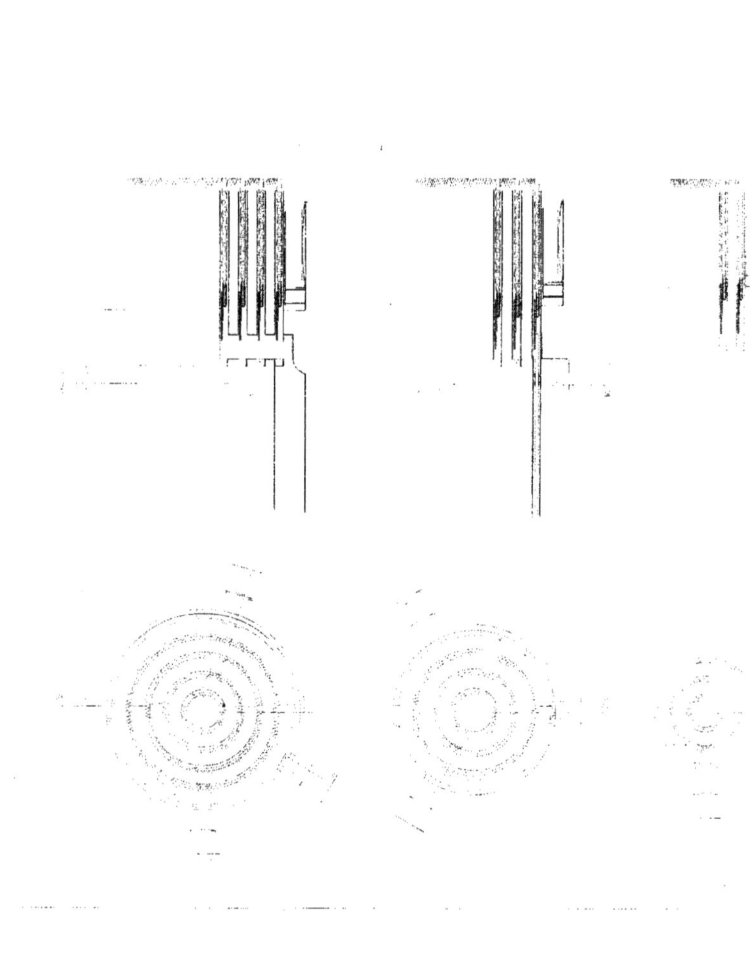

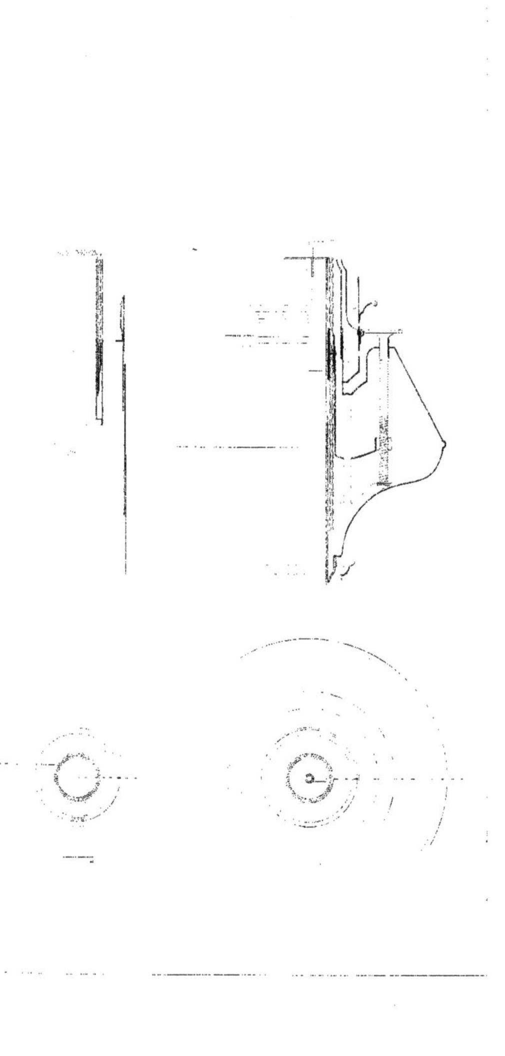

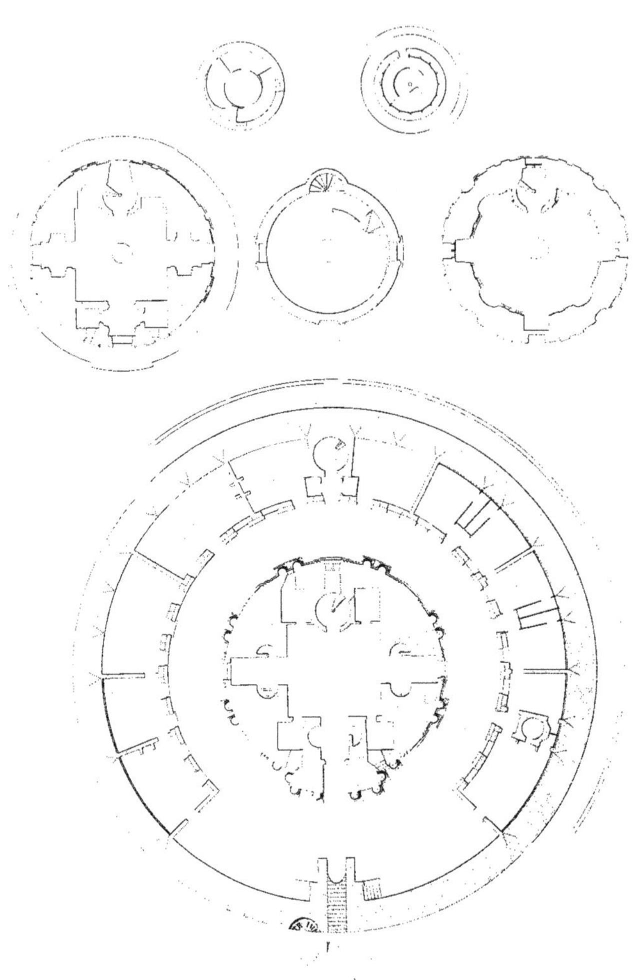

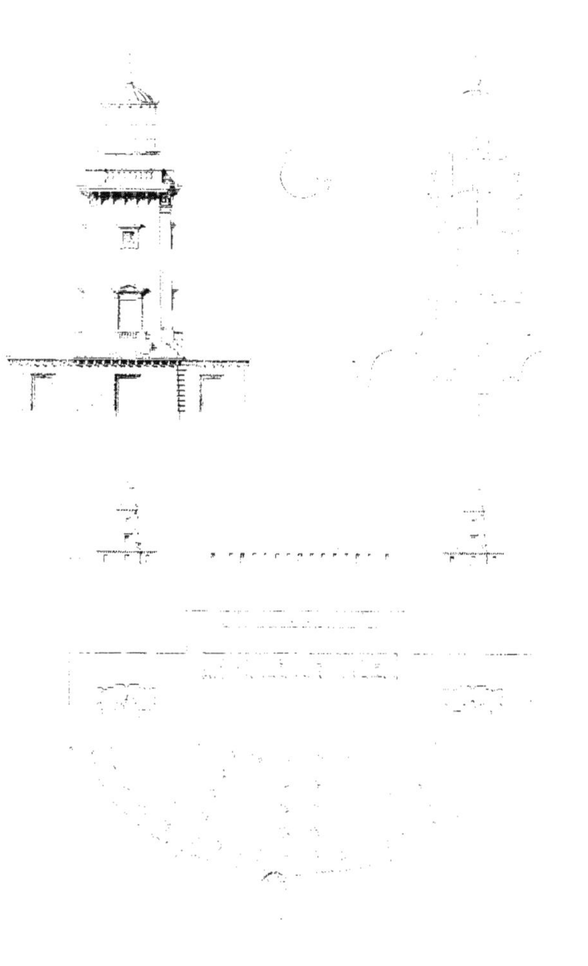

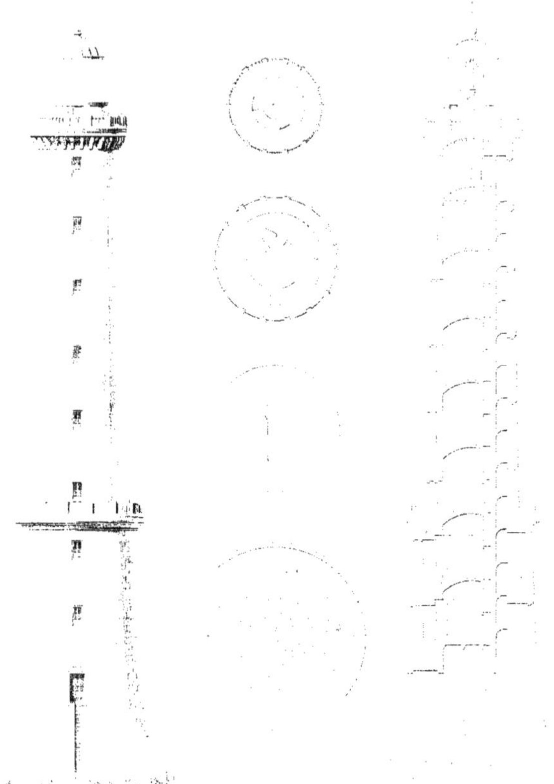

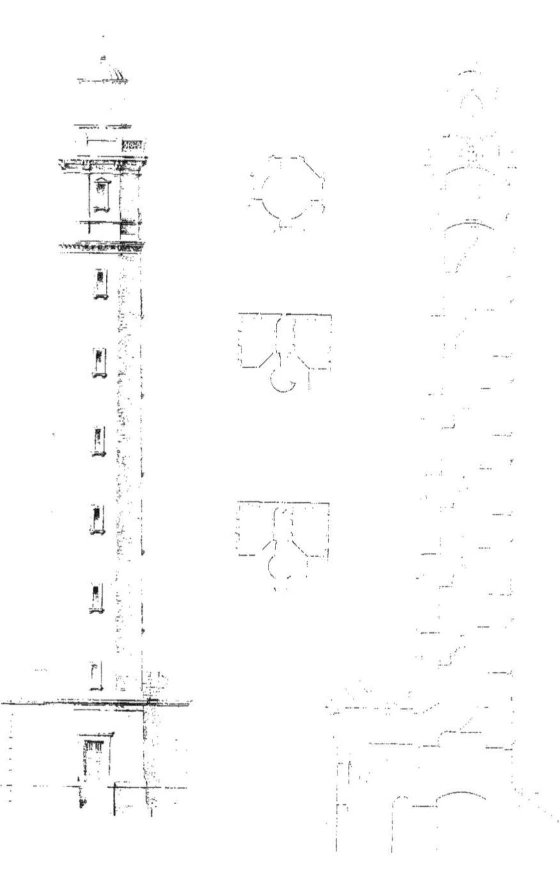

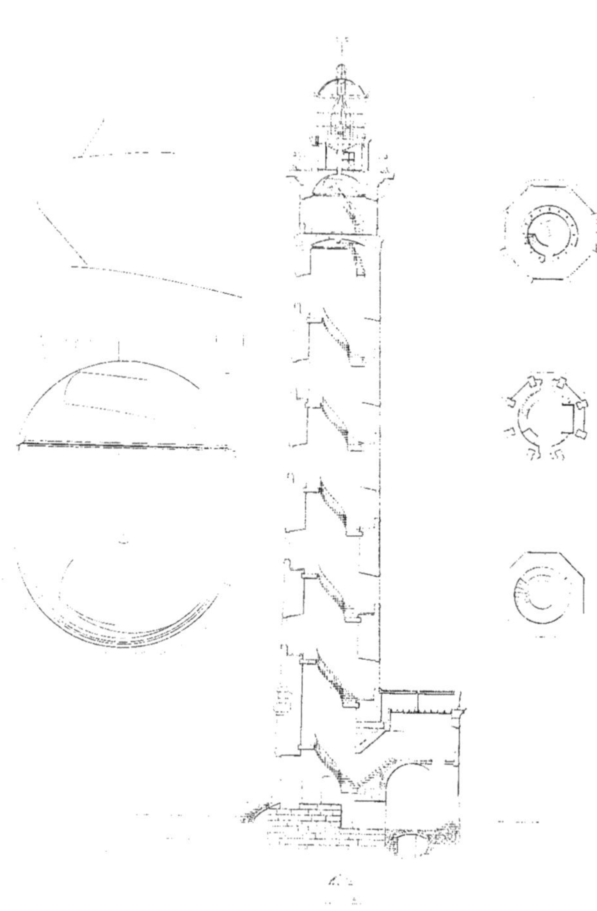

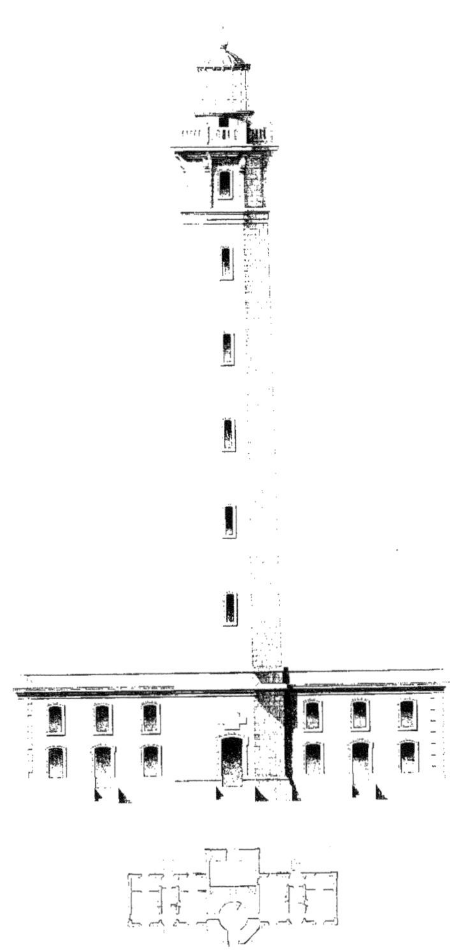

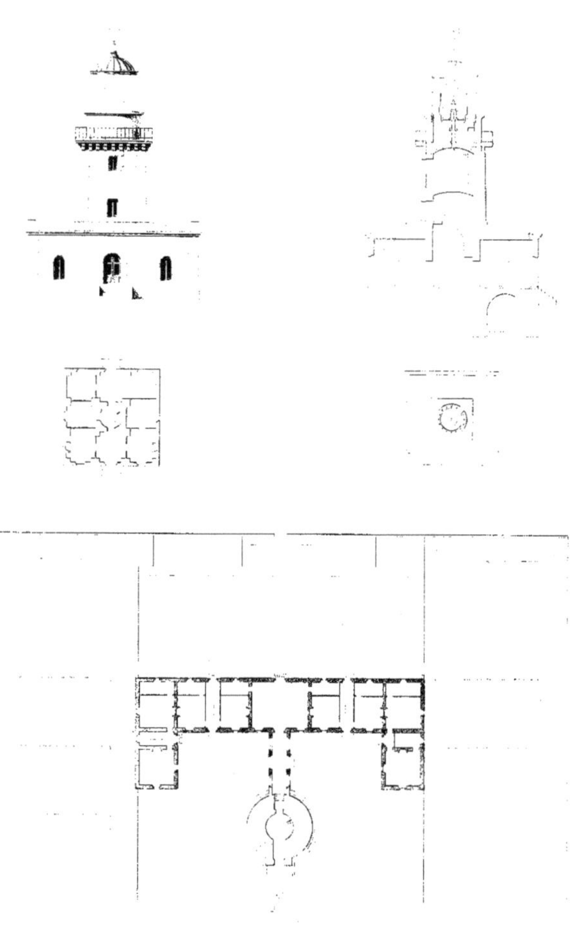

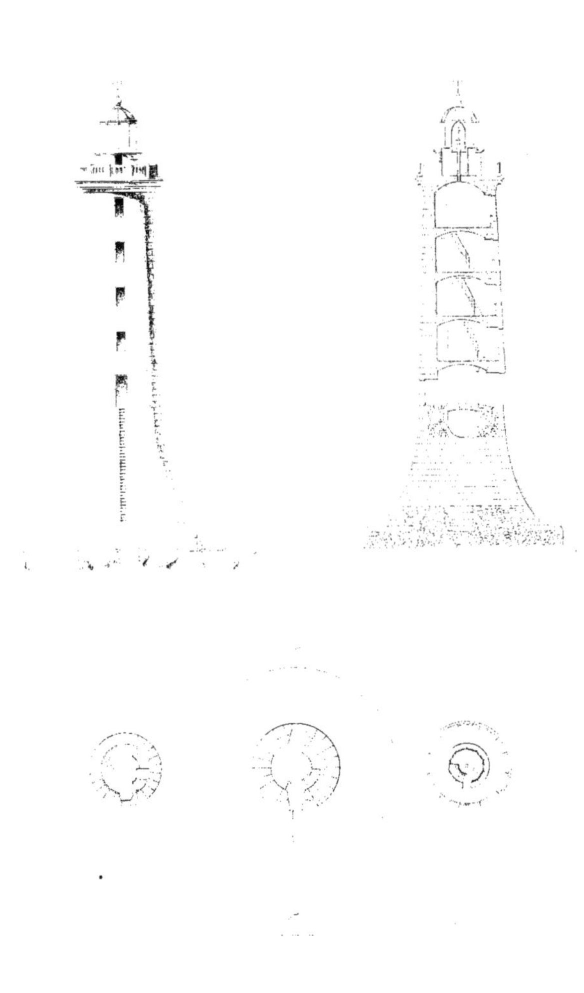

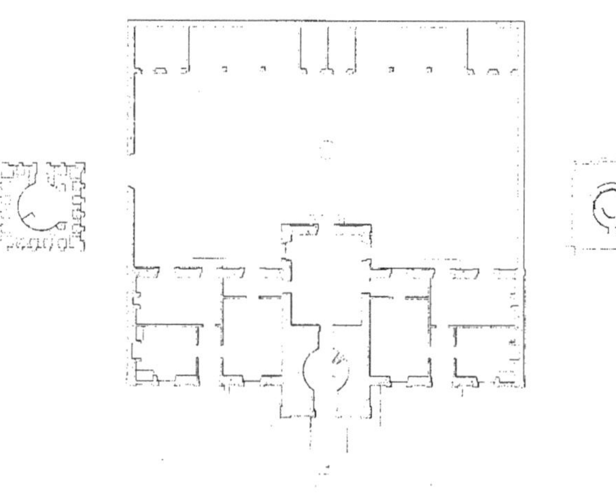

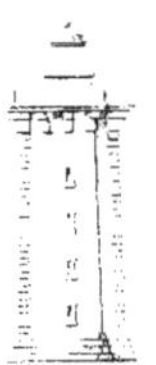

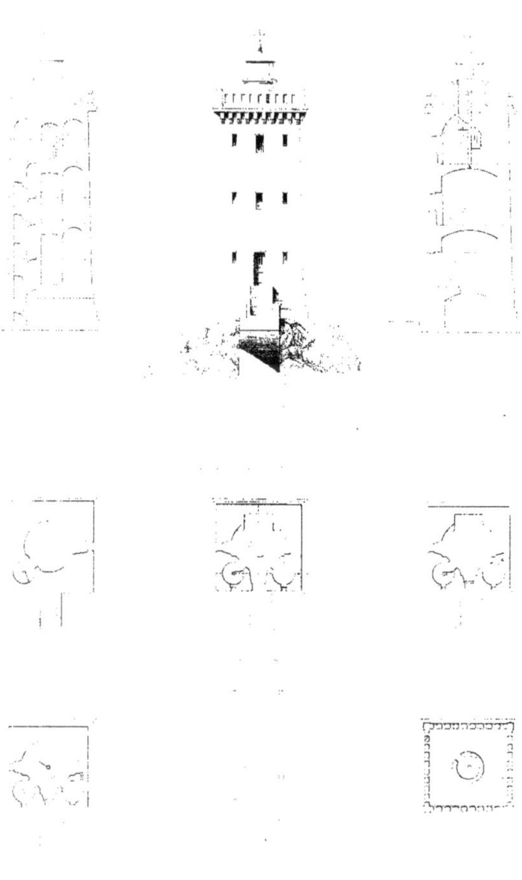

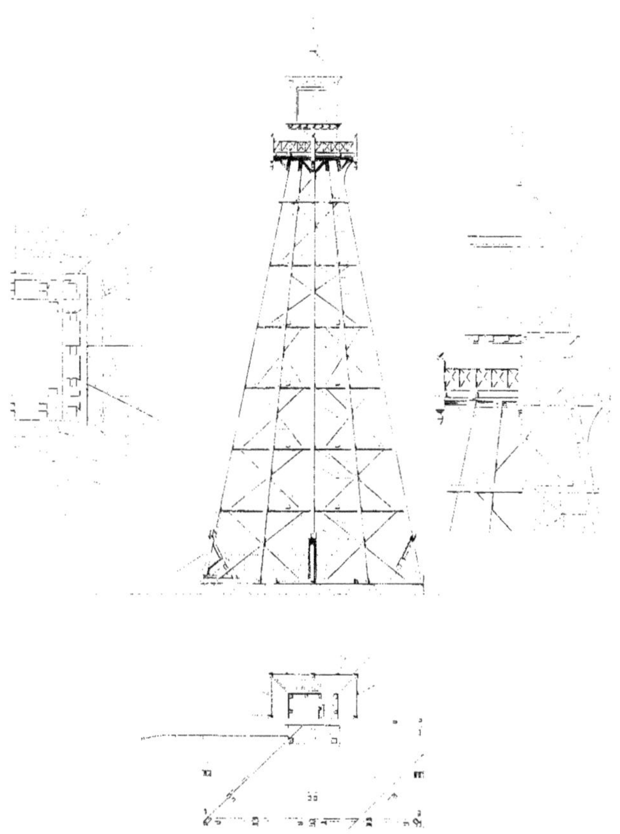

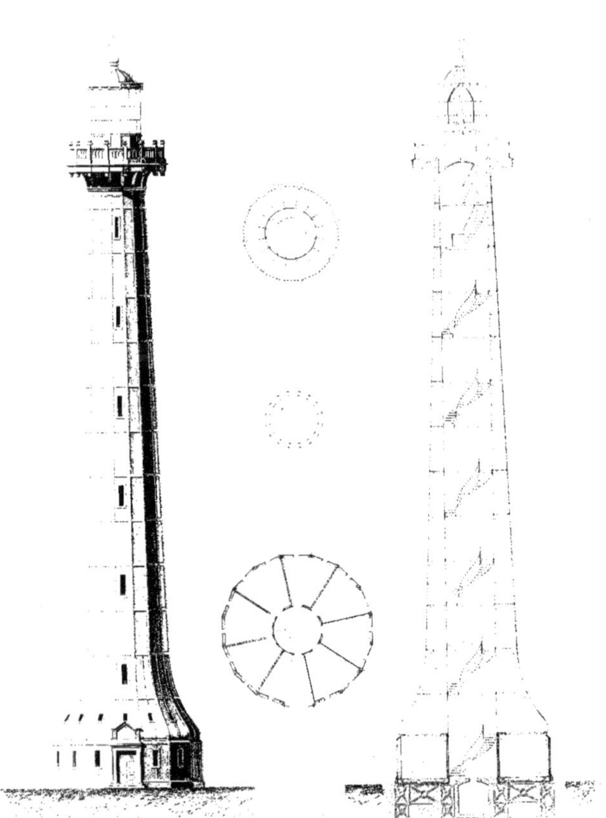

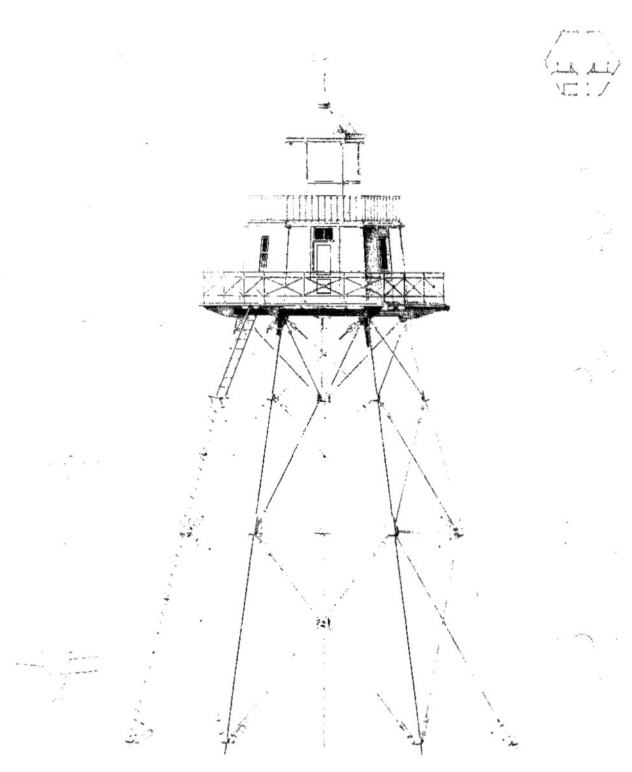

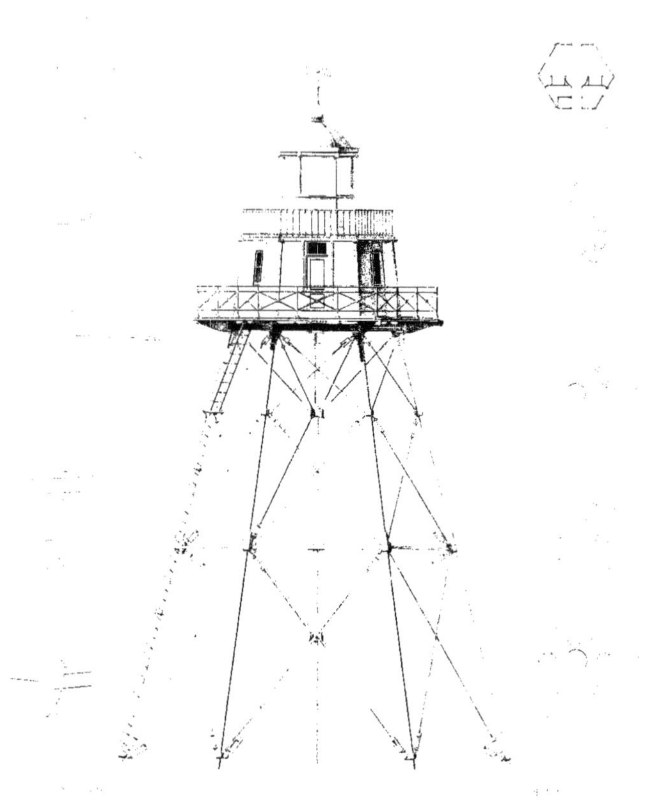

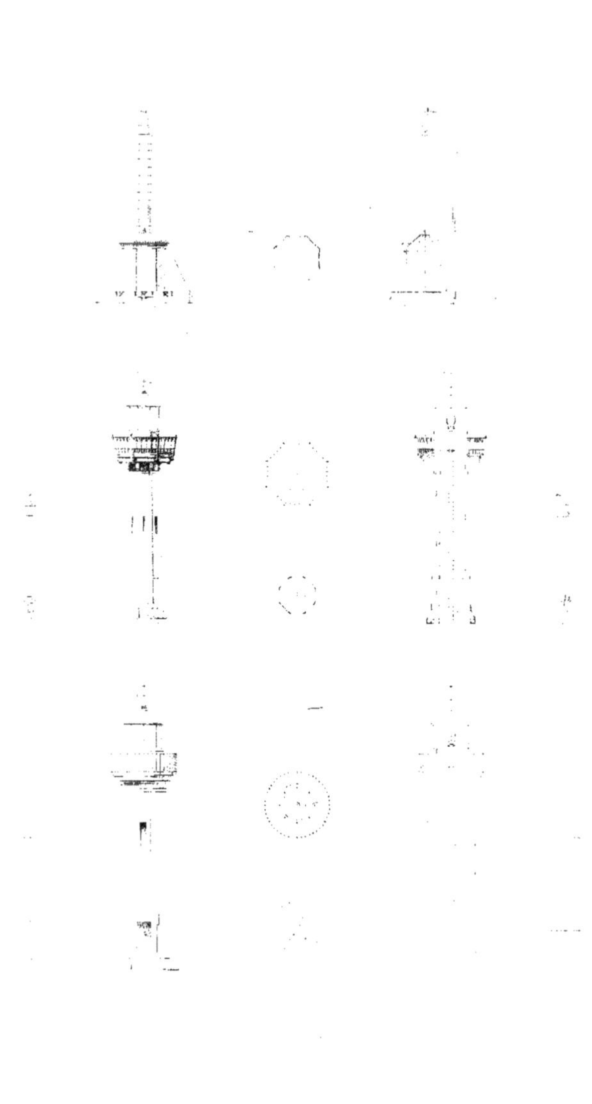

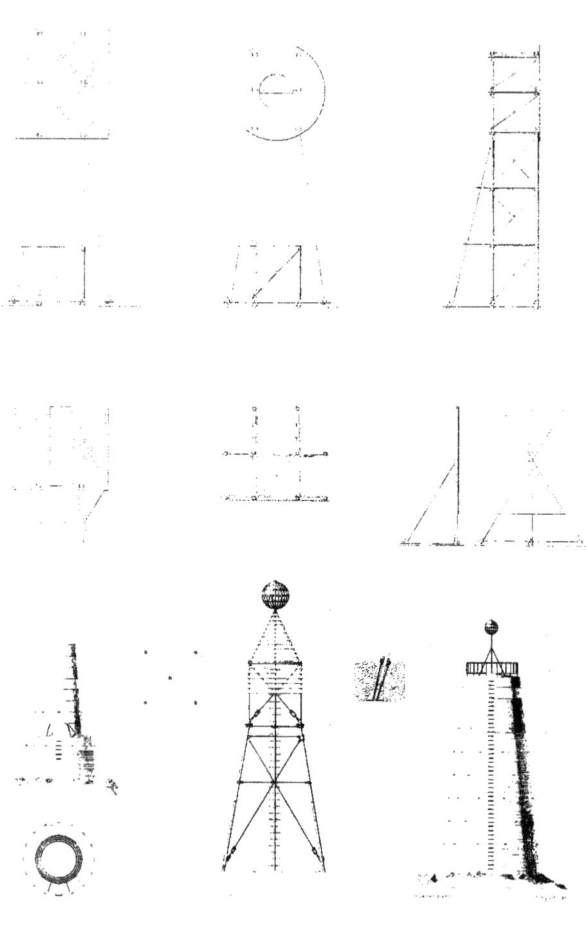

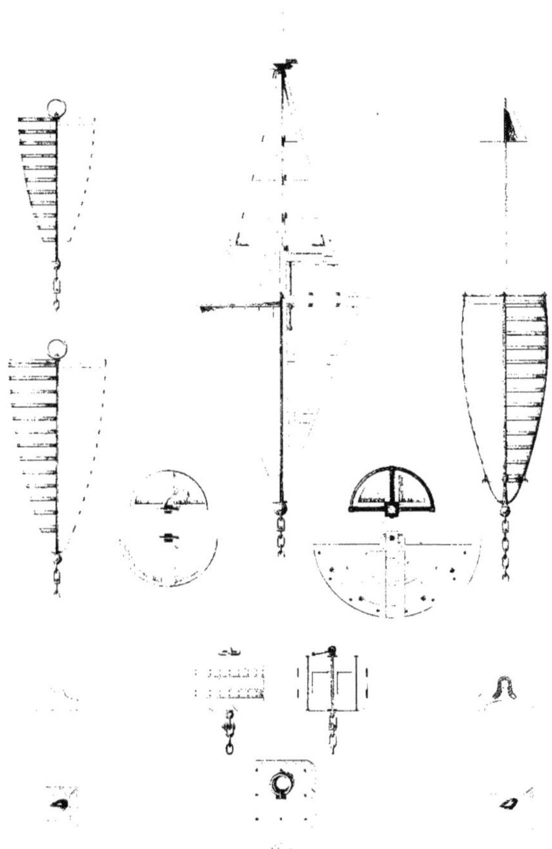

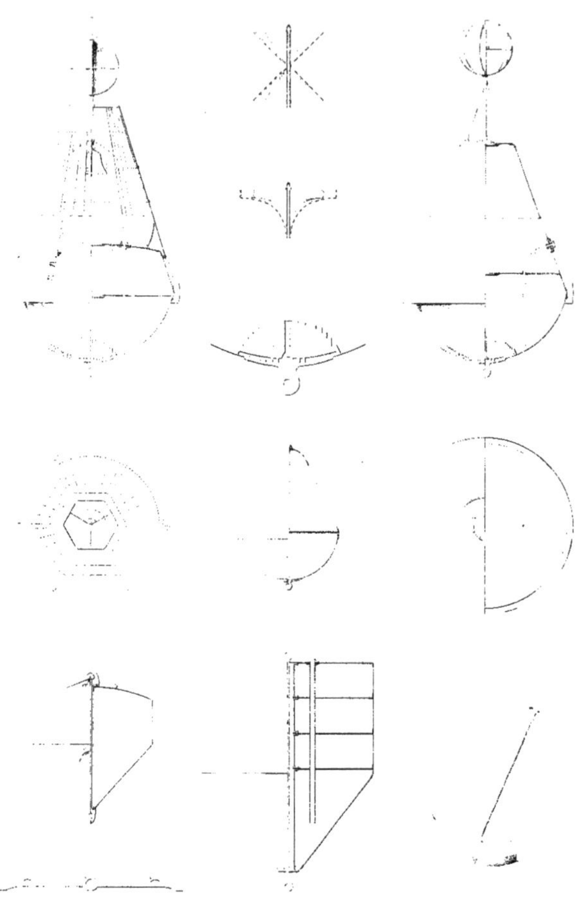

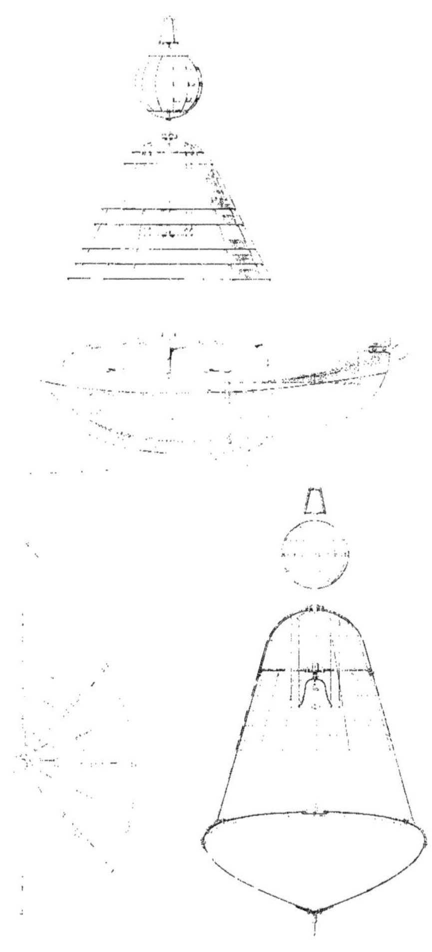

www.ingramcontent.com/pod-product-compliance
Ingram Content Group UK Ltd.
Pitfield, Milton Keynes, MK11 3LW, UK
UKHW021030180726
13838UKWH00004B/1701

9 782329 460345